P. A. Gabriel

FRONT-END

CURSO COMPLETO DE HTML, CSS E JAVASCRIPT

Tech Stuff House

ISBN: 978-1-7774385-9-3

Publicado por Tech Stuff House, um selo de Virgo Publishers. contato@virgopublishers.com

Para entrar em contato com o autor deste livro, envie um e-mail para autores@virgopublishers.com.

Conteúdo

SOBRE O CURSO

Este é um curso de desenvolvedor front-end que tem por objetivo ensinar HTML, CSS e JavaScript, que são os três pilares do desenvolvimento web. Ao final do livro, você será capaz de entender como funciona um website e como se constrói um, tudo isso através de um método eficiente de aprendizado.

Este livro não irá abordar todos os aspectos dos temas em questão, pois isso é ineficaz e não ajuda a aprender mais. Você irá conhecer as bases do HTML, CSS e Javascript que lhe permitirão utilizar toda e qualquer funcionalidade básica ou avançada. Por exemplo, você não precisa saber todos os mais de 100 atributos do HTML para utilizá-los. Você apenas precisa entender o que são atributos e para que eles servem.

Uma dica importante é que você tenha o Google como o seu aliado. A mente de um desenvolvedor não é uma biblioteca que armazena todas as inúmeras possibilidades dentro do mundo da programação. É bastante comum utilizarmos o Google para descobrir algo que estamos precisando em nossos projetos. O mais importante é que você saiba o que pesquisar e como utilizar o que for encontrado.

HTML

O que é HTML?

HTML é uma linguagem de marcação utilizada para exibir os elementos de uma página web, como textos, imagens e botões. Apesar de algumas pessoas se referirem ao HTML como sendo uma linguagem de programação, esta afirmação não está correta, pois não é possível criar nenhuma lógica com HTML. Caso precisamos implementar recursos mais sofisticados e regras no front-end, se faz necessário a utilização do JavaScript, que é uma linguagem de programação.

Tags

HTML nada mais é que um conjunto de tags que utilizamos para incluir informações em uma página. Uma tag começa com um sinal de menor que < e termina com um sinal de maior que >. Dentro destes sinais, colocamos a definição de nossa tag. Vejamos a seguir o exemplo das tags básicas que devem aparecer em qualquer página:

```
<html><head><meta><title></title></head><body></body></
html>
```

Todo o conteúdo visível e não visível de uma página web deve ser colocado dentro da tag <html>. Por isso essa tag é a primeira a ser aberta e a última a ser fechada. Já a tag <head> engloba as informações que precisam ser carregadas primeiro em nossa página. Por sua vez, a tag <meta> serve para a inclusão de metadados importantes, como a codificação da página e descrição. Por último, a tag <title> é onde colocamos o título e a <body> é o local para todo o conteúdo visível da página.

Um detalhe importante é que as tags mostradas aqui, com exceção da <meta>, devem ser abertas e fechadas. Para fechar uma tag, devemos colocar uma barra antes do nome da tag. Exemplo:<body></body>. Mais adiante veremos algumas tags que não seguem essa regra.

Existem muitas outras tags que são utilizadas para diversas finalidades, mas não é preciso aprender todas de uma vez, pois somente algumas são as mais utilizadas. Na lista a seguir, todas as tags que precisam ser fechadas como explicado anteriormente, aparecerão assim: <></>. Já as tags que não precisam ser fechadas, serão mostradas desta forma: <>.

<div></div> - Essa é a tag mais utilizada de todas e ela serve como um container para agrupar um conjunto de elementos. Por exemplo, imaginemos o topo de um site que contenha um menu e um banner. Tanto o menu quanto o banner possuem suas próprias divs. Todos os elementos que compõem o header, incluindo as divs do banner e do menu, serão colocados dentro de uma div principal.

<p></p> - Utilizada para definir parágrafos.

<span></span> - Podemos utilizar essa tag para estilizar de forma diferente partes de um texto.

 - Adiciona uma quebra de linha. Caso você precise de um espaço entre dois elementos, basta adicionar a tag duas vezes "

".

<a></a> - Utilizamos para a criação de links.

<h1></h1> até <h6></h6> - As tags h1, h2, h3, h4, h5 e h6 são utilizadas para títulos e subtítulos. Quanto mais se aproxima do h6, menor será o tamanho da fonte. A h1 é utilizada para títulos principais, como o título de um artigo.

<img> - Incorpora um arquivo de imagem na página.

<button></button> - Cria um botão.

<form></form> - Utilizada para a criação de formulários.

<input></input> - Cria campos em um formulário.

\<label\>\</label\> - Define o nome dos campos em um formulário.

\<u\>\</u\> - Tag utilizada para sublinhar um texto.

\<i\>\</i\> - Transforma um texto em itálico.

\<b\>\</b\> - Transforma um texto em negrito.

\<ol\>\</ol\> - Cria uma lista numerada.

\<ul\>\</ul\> - Cria uma lista não numerada.

\<li\>\</li\> - Cria um item dentro de uma lista numerada ou não numerada.

\<link\> - Essa tag é colocada dentro da tag \<head\> e sua principal utilização é adicionar folhas de estilo a página.

\<script\>\</script\> - Utilizamos essa tag para a inserção direta de código JavaScript na página ou através do link de um arquivo JS.

\<style\>\</style\> - Com essa tag podemos incluir código CSS diretamente na página.

Atributos

De forma simplificada, atributos são informações, as vezes essenciais, que incluímos dentro das tags. A seguir, temos uma tabela com vários atributos e a lista de tags em que eles podem ser utilizados, baseado nas tags que aprendemos na seção anterior.

Atributo	Tags que utilizam
id	Atributo global que pode ser utilizado nas tags de conteúdo. Ele serve para diferenciar determinado elemento com um id único, ou seja, não devemos atribuir o mesmo id a mais de um elemento. Exemplo: <div id="banner"> No exemplo anterior, o nome do nosso id é banner, mas poderia ser qualquer outro, desde que seja único dentro da página.
class	Atributo utilizado para determinar uma classe CSS. Veremos mais sobre isso no curso de CSS, mas diferente do id, a mesma classe pode ser aplicada em vários elementos. Exemplo: <p class="texto">
href	Utilizado com as tags <a> e <link> para designar a URL de um link ou de uma folha de estilo. Exemplo: <a href="https://google.com">Google</a>

src	Indica a URL de um script com a tag <script> e a URL de uma imagem nas tags <img> e <input>. Exemplo: <script src="dados.js"></script>
alt	Este atributo indica um texto alternativo para caso uma imagem não seja carregada. Exemplo: <img src="https://site.com/imagem.jpg" alt="Foto da Praia">
disabled	Utilizado principalmente com as tags <button> e <input>, este atributo desabilita o elemento, fazendo com que ele não possa ser utilizado pelo usuário. Exemplo: <button disabled>Enviar</button> No exemplo dado, o botão enviar irá aparecer na página, mas não será possível clicar nele.
hidden	Usado para esconder um elemento na página. Exemplo: <p hidden>Este texto não será exibido</p>

name	Utilize este atributo para identificar os valores enviados nos campos de um formulário. Exemplo: <input type="email" name="email"> No nosso exemplo, atribuímos o valor "email" para o atributo name, mas poderíamos ter escolhido qualquer outro valor, desde que seja único dentro do formulário.
action	Usado para indicar para onde os dados do formulário serão enviados. Exemplo: <form action="script.php" method="get">

Existem muitos outros atributos e alguns deles serão apresentados mais adiante.

Criando uma página HTML

Chegou o momento de aplicarmos o que aprendemos até aqui e construir uma página web simples. Para isso, faça o download de um editor HTML e instale. Pode ser qualquer editor simples ou mais pesado como o Visual Studio.

Abra o editor, crie um novo arquivo e salve com o nome index.html. As instruções de como fazer isso irão depender do editor utilizado. De forma geral, você deve clicar no menu Arquivo, depois em Novo para criar um novo arquivo. Para salvar, clique novamente em Arquivo, depois em Salvar Como e selecione o tipo de arquivo a ser salvo. Esses passos são genéricos e podem ser diferentes no seu editor.

Com o arquivo salvo na extensão html, vamos começar a escrever o código da nossa página. A primeira informação que deve sempre aparecer é o tipo de documento. Basta repetir a tag abaixo em todas as suas páginas html.

```
<!doctype html>
```

Em seguida, vamos abrir a tag <html> e <head>:

```
<html>

<head>
```

É padrão indicarmos a codificação UTF-8 para que uma página possa ser acessada e interpretada nos mais diversos idiomas. Fazemos isso utilizando a tag <meta>, como mostrado a seguir:

```
<meta charset="UTF-8">
```

Agora, vamos colocar uma instrução padrão para que nossa página possa ser exibida corretamente nas mais diversas resoluções de tela:

```
<meta name="viewport" content="width=device-width, initial-scale=1">
```

Nossa página precisa ter um título que será exibido na aba do navegador. No nosso caso:

```
<title>Página Inicial</title>
```

Com a parte inicial do nosso código concluída, vamos fechar a tag <head> e ver como está o código até aqui:

```
<!doctype html>

<html>

<head>

<meta charset="UTF-8">

<meta name="viewport" content="width=device-width, initial-scale=1">

<title>Página Inicial</title>

</head>
```

Podemos agora abrir a tag <body> e iniciar o conteúdo da página que conterá apenas um texto:

```
<body>

<div>
```

Já abrimos a tag <div> que irá abrigar o nosso texto. Agora vamos colocar o título do texto utilizando a tag <h1>:

```
<h1>Nosso Título Incrível</h1>
```

Depois do título, vamos escrever nosso texto:

```
<p>Aqui vai o nosso texto.</p>
```

Por fim, vamos fechar todas as tags que foram abertas e ainda não foram fechadas:

```
</div>

</body>

</html>
```

Perceba que o fechamento das tags ocorrem somente no último momento em que elas são utilizadas. Por exemplo, se todo o código da página deve estar dentro da tag <html>, logo ela deve ser fechada por último. Veja como ficou o código completo:

```
<!doctype html>

<html>

<head>

<meta charset="UTF-8">

<meta name="viewport" content="width=device-width, initial-scale=1">

<title>Página Inicial</title>

</head>

<body>

<div>

<h1>Nosso Título Incrível</h1>

<p>Aqui vai o nosso texto.</p>

</div>

</body>

</html>
```

É interessante destacar que não precisamos colocar cada tag em uma linha diferente. Elas podem aparecer na mesma linha, mas é importante manter o mínimo de organização no código para facilitar a visualização do que está sendo feito.

Elementos inline e block

Os elementos inline são aqueles que podem aparecer lado a lado com outros elementos inline na página. Isso quer dizer que se uma tag <span> for seguida pela tag <button>, mesmo que em linhas diferentes no nosso código, o conteúdo dessas duas tags aparecerão lado a lado na página. Já os elementos block, como as tags <div> e <form>, ocupam toda a linha e não podem aparecer lado a lado com outros elementos sem a ajuda de estilos CSS.

Elementos block não devem ser colocados dentro de elementos inline, mas o contrário pode acontecer. Das tags de conteúdo que aprendemos, a <span>, <br>, <a>, <img>, <button>, <input>, <label>, <i> e <b> são inline. Já a <div>, <p>, <h1> até <h6>, <form>, <ul>, <ol> e <li> são block.

Index.html

O arquivo HTML padrão identificado pelos servidores quando acessamos um website é o index.html. Caso este arquivo não esteja presente no diretório que estamos tentando acessar, o servidor irá exibir a lista de arquivos presentes no diretório, se o acesso estiver liberado. Portanto, a página principal de um site HTML deve se chamar index.html.

Acessando arquivos

URL é o caminho para um local na internet, ou seja, o endereço de um website. Se um arquivo chamado imagem.jpg estiver localizado no diretório raiz de um site, o endereço para essa imagem será:

https://www.site.com/imagem.jpg

Já se ela estiver dentro de uma pasta chamada arquivos que está localizada na raiz do site, o caminho será:

https://www.site.com/arquivos/imagem.jpg

Nos exemplos acima, apontamos o link direto para a imagem, e precisamos fazer isso, quando estamos utilizando um arquivo que está hospedado em um site diferente do nosso.

Quando o arquivo está no nosso próprio site, podemos fazer diferente. Vamos inserir uma imagem que está localizada no mesmo diretório da nossa página index.html:

```
<img src="imagem.jpg">
```

Caso a imagem estivesse dentro de uma pasta chamada contato, faríamos o seguinte:

```
<img src="contato/imagem.jpg">
```

Já se a página web em que estamos trabalhando estiver dentro da pasta contato, mas a imagem estiver localizada no diretório raiz, fazemos o seguinte:

```
<img src="../imagem.jpg">
```

No exemplo acima, utilizamos "../" para acessar uma imagem que está no diretório raiz, sendo que nossa página está dentro da pasta contato. Se a nossa página estivesse dentro de uma pasta chamada formulário que está dentro da pasta contato, precisaríamos fazer o seguinte para acessar a imagem localizada no diretório raiz:

```
<img src="../../imagem.jpg">
```

Percebeu o que aconteceu? Para cada pasta que precisamos voltar para acessar um arquivo, utilizamos um "../".

Construindo formulários

Formulários são elementos que utilizamos para coletar informações de usuários em nosso site, como mensagens de contato, cadastro e feedback. Construir um formulário em HTML é relativamente simples, mas para que possamos receber os dados enviados, é necessário a utilização de linguagem de servidor, como o PHP. Este curso é voltado ao desenvolvimento fron-end e, portanto, não iremos aprender como coletar dados de um formulário, pois este é o trabalho de um desenvolvedor back-end ou full stack.

O atributo action da tag <form> já foi explicado anteriormente e serve para indicar o script que processará os dados do formulário. Mas existe também o atributo method que designa o método de envio. Os dois métodos mais comuns são o GET e o POST. O primeiro envia os dados através da URL e o segundo no corpo da requisição HTTP. Como o GET envia somente texto, vamos dar preferência ao POST.

O primeiro passo para criar o nosso formulário é abrir a tag e especificar os atributos necessários:

```
<form action="script.php" method="post">
```

No nosso exemplo, um arquivo chamado script.php estará localizado no mesmo diretório da página que contém nosso formulário. Vamos agora adicionar os campos para nome, email e assunto:

```
<label>Nome:</label><br>

<input type="text" name="nome"><br><br>

<label>Email:</label><br>

<input type="email" name="email" required ><br><br>

<label>Assunto:</label><br>

<input type="text" name="assunto"><br><br>
```

No código acima, repare que a tag <input> contém o atributo type que define o tipo de campo a ser utilizado. No nosso exemplo, utilizamos dois campos de texto e um de email, porém existem vários outros tipos. Nós poderíamos ter utilizado o type="text" também para o email mas, nesse caso, os dados inseridos não seriam validados. Já com o type="email", o formulário não será enviado caso o email inserido pelo usuário seja inválido. Em relação ao atributo required no campo de email, ele faz com que o formulário não seja enviado caso o usuário não forneça o email.

Vamos adicionar uma caixa de texto para que a mensagem seja digitada:

```
<label>Mensagem:</label><br>
```

```
<textarea name="mensagem" rows="4" cols="50" required >
```

Na tag <textarea>, o atributo rows define o número de linhas e o atributo cols define o número de colunas. A caixa de texto será maior ou menor de acordo com essas configurações.

Para aumentarmos o tamanho da largura dos campos <input>, podemos utilizar o atributo size:

```
<input type="text" name="nome" size="40">
```

Já se quisermos limitar a quantidade de caracteres permitidos em um campo, utilizamos o atributo maxlength:

```
<textarea name="mensagem" rows="4" cols="50"
maxlength="200">
```

Por fim, vamos incluir um botão para enviar o formulário:

```
<button>Enviar</button>
```

O valor padrão do atributo type em um botão é o submit, ou seja, se você não especificar o atributo, ele terá a função de enviar o formulário. Caso você precise utilizar um botão para outra função que não seja enviar o formulário, é necessário especificar type="button".

Tags essenciais para SEO

SEO significa otimizar um website para que ele seja encontrado nos mecanismos de buscas por pessoas interessadas no conteúdo, produto ou serviço oferecido. As técnicas de SEO são variadas e não fazem parte do curso HTML, mas é essencial aprendermos pelo menos o básico.

Além do título da página, a descrição também é um elemento muito importante, pois ela é exibida na busca do Google e ajuda a evidenciar o conteúdo da página. Uma boa descrição deve ter relação com o conteúdo e conter palavras-chave que são relevantes para o seu público alvo. O tamanho da descrição é de livre escolha, mas o Google exibirá em seus resultados somente os 160 primeiros caracteres. Para adicionar uma descrição, coloque a seguinte tag dentro da tag <head>:

```
<meta name="description" content="Escreva aqui a descrição">
```

As tags h1, h2 e h3 também são muito bem vistas pelo Google e podem ser utilizadas para organizar o texto da página. A h1 deve aparecer uma única vez na página, pois ela serve para destacar o título principal do conteúdo. Já a h2 e h3 são utilizadas para subtítulos e podem aparecer múltiplas vezes.

Por último, nunca esqueça de colocar o atributo alt em todas as imagens do seu site, pois ele fornece uma descrição que será exibida quando o carregamento não puder acontecer, seja por uma falha no servidor ou uma limitação do próprio dispositivo do usuário. O Google entende o atributo alt como uma forma de aumentar a acessibilidade do seu site e, por isso, ele deve fazer parte do seu código.

Idealizando um website

Antes de abrir um editor e começar a digitar, é preciso ter uma ideia do que queremos construir. Como o layout do site será organizado, como será o header, quantas páginas serão necessárias, são algumas das perguntas que precisamos responder. Claro que as coisas vão mudando no decorrer do desenvolvimento, mas sem um ponto de partida, o trabalho de um desenvolvedor web fica mais difícil. No começo é interessante que você estude outros websites antes de começar a construir um, para que você possa se inspirar e compreender melhor os elementos de uma página.

CSS

CSS é o que utilizamos para estilizar um site, de forma a definir tamanhos, posições, cores, efeitos, etc., dos elementos que compõem uma página. Sem estilos é impossível criar um site que seja minimamente apresentável.

Uma folha de estilo é um arquivo com extensão .css que abriga os estilos utilizados em nosso site. É neste arquivo que escrevemos o código CSS, apesar de também ser possível inserir estilos diretamente no código HTML. Mas não é uma boa prática misturar o código HTML com o CSS e devemos fazer isso somente em situações específicas onde é mais prático que o estilo seja incluído diretamente no elemento do que em uma folha de estilo.

Para começar, abra o seu editor e crie um novo arquivo com a extensão .css. O nome não é importante nesse caso e pode ser estilo.css ou o que você achar melhor. Em seguida, digite o seguinte código:

```
.main-content {}
```

O que acabamos de fazer é adicionar a classe main-content que irá conter os estilos de alguma div em nosso site. As classes

CSS são a forma mais utilizada de se aplicar estilos em uma página, mas também podemos utilizar o atributo id, que veremos mais para frente. O nome da classe é de livre escolha, mas duas classes não podem ter o mesmo nome em uma mesma página. Perceba que, antes do nome da classe, devemos colocar um ponto.

Dentro das chaves {} das classes, colocamos as propriedades que queremos aplicar em determinado elemento. A seguir, vamos adicionar algumas propriedades e valores a nossa classe:

```
.main-content {

width: 800px;

background-color: #7489C0;

color: white;

font-size: 12px;

padding-bottom: 25px;

}
```

Depois de escrever uma propriedade CSS, devemos colocar dois pontos na frente dela, definir os valores e fechar com ponto e vírgula. No exemplo acima, colocamos a propriedade width que é responsável por definir a largura de um elemento e configuramos o valor de 800px. Pixels (px) é a unidade de medida mais utilizada no CSS, mas existem outras, como a vh e vw que podem ser úteis em ocasiões específicas, mas a px irá ser o suficiente na grande maioria dos casos.

Também definimos a cor de fundo do elemento utilizando a propriedade background-color. A cor está em formado hex, mas também podemos utilizar o nome de algumas cores, como white, red e blue. A vantagem de utilizar hex é que a quantidade de cores disponíveis é gigantesca, com mais de 16 milhões de tonalidades diferentes. Para encontrar o código hex de qualquer cor, basta procurar no Google por "cores hex" que irá aparecer diversos sites com seletores de cores.

A propriedade color é responsável por definir a cor do texto e, no nosso exemplo, utilizamos o branco (white). Já a font-size controla o tamanho da fonte e a padding-bottom adiciona um espaço entre a última linha do texto e o final da div.

Outra forma de estilizar um elemento é através do seu id. Imagine que na nossa página tenha a seguinte div: <div id="main-div">. Para estilizar esse elemento, fazemos o seguinte na nossa folha de estilo:

#main-div {}

A primeira diferença entre a utilização de classes e ids é o seletor que utilizamos. Antes de uma classe, colocamos um ponto e, antes de um id, colocamos uma cerquilha #. Outra diferença importante está na prioridade entre eles. Se um elemento conter estilos em classe e id, a prioridade será do id caso existam propriedades repetidas. Vejamos um exemplo:

Na folha de estilo:

```
.main-content {

font-size: 12px;

}

#main-div {

font-size: 15px;

}
```

No código HTML:

```
<div id="main-div" class="main-content"></div>
```

No exemplo acima, a fonte do texto dentro da div será 15px, pois a prioridade é do id. Essa possibilidade é bastante útil quando temos uma mesma classe aplicada em vários elementos, mas precisamos de ajustes em alguns elementos e, para isso, utilizamos o id.

Além de classes e ids, existem várias outras formas de selecionar elementos e aplicar estilos. Vejamos algumas a seguir:

```
div {

}

p.content {

}

div p {

}
```

No primeiro exemplo, selecionamos todos os elementos <div> da página. No segundo, todos os elementos <p> que possuam a classe content. Já no terceiro, selecionamos todos os elementos <p> que estão dentro de elementos <div>. A mesma lógica utilizada nos três exemplos pode ser aplicada a outros elementos.

Também é possível compartilhar as mesmas propriedades com vários seletores, colocando-os lado a lado separados por vírgula.

```
.main-content, #main-div, div, p.content, div p {

color: #000000;

}
```

Da mesma forma que utilizamos a tag <div> no exemplo anterior para aplicar estilos a todas as divs da página, também podemos utilizar a tag <body>. Os estilos aplicados a tag <body> serão válidos em todos os elementos da página.

Existem muitos outros seletores e propriedades CSS, mas não faz sentido listá-los aqui apenas para serem facilmente esquecidos. Quando você começar a desenvolver seu primeiro projeto, as necessidades irão surgir e basta você fazer uma rápida pesquisa no Google para descobrir o que precisa. Uma vez que você entendeu as bases da estilização de elementos, fica fácil aplicar todas as outras propriedades. Para quase tudo que seja relacionado a tamanho, formas, posição, cores, imagens e efeitos, existe uma maneira de fazer utilizando CSS. Basta você ter uma visão clara do que deseja e pesquisar no Google.

Como incluir folhas de estilo em uma página

Você precisa incluir a folha de estilo em todas as páginas que existam elementos estilizados por tal folha. Veja a seguir como fazer:

```
<link rel="stylesheet" href="style.css" type="text/css" media="all">
```

Do código acima, a única coisa que você precisa alterar é o atributo href que deve conter o caminho para a folha de estilo, de acordo com o que foi ensinado no tópico Acessando Arquivos. A tag <link>, contendo a folha de estilo, deve ser colocada dentro da tag <head>.

Estilos inline e tag <style>

Além de utilizar folhas de estilo, também podemos aplicar estilos diretamente a cada elemento utilizando o atributo style. Veja a seguir:

```
<div style="font-size: 15px; color: white;"></div>
```

Dentro das aspas do atributo style, colocamos as propriedades CSS separadas por ponto e vírgula, assim como fazemos em uma folha de estilo. Mas vale destacar que estilos inline devem ser utilizados em casos específicos para que seu código não fique poluído e difícil de editar futuramente.

Outra forma de utilizar CSS em uma página é através da tag <style> que deve ser colocada dentro da tag <head>. Dentro da tag <style> adicionamos os estilos da mesma forma que em uma folha de estilo.

```
<head>

<style>

h1 {color: blue;}

</style>

</head>
```

Prioridades e ordem de estilos

Em relação aos seletores, já aprendemos que o id tem prioridade sobre as classes quando estão estilizando um mesmo elemento. Já ambos id e classes têm prioridade sobre as tags. No que se refere as folhas de estilo, inline e tag <style>, a ordem é inline, <style> e folha de estilo. Isso quer dizer que, se um elemento tiver uma classe com fonte definida em 15px e um estilo inline com fonte de 20px, o tamanho da fonte será de 20px.

Quando utilizamos duas ou mais folhas de estilo em uma mesma página, a ordem em que elas são colocadas na tag <head> irá ditar qual estilo será utilizado caso haja conflito entre eles. Veja o exemplo a seguir:

```
<link rel="stylesheet" href="style1.css" type="text/css" media="all" />

<link rel="stylesheet" href="style2.css" type="text/css" media="all" />
```

Vamos imaginar que ambos style1 e style2 apliquem uma cor de fundo ao elemento body. Neste caso, a cor definida em style2 será a utilizada pelo fato dela ser carregada por último, sobrescrevendo o estilo em style1.

A ordem em que as classes são colocadas em uma mesma folha de estilo também importa. Vejamos o seguinte exemplo:

```
.text1 {

color: black;
```

```
}

.text2 {

color: blue;

}
```

Vamos aplicar as duas classes a uma tag <p>:

```
<p class="text1 text2">Algum texto aqui.</p>
```

No exemplo anterior, a cor do texto será azul, pois a classe text2 aparece depois da classe text1 na folha de estilo, sobrescrevendo a primeira cor. A ordem em que as classes aparecem dentro da tag não importa. A fonte continuará sendo azul mesmo se fizermos o seguinte:

```
<p class="text2 text1">Algum texto aqui.</p>
```

Ainda existe algo chamado regra "!important" que é capaz de sobrescrever tudo que foi explicado anteriormente. Qualquer propriedade que possua essa regra irá substituir qualquer outra propriedade em qualquer situação de ordem ou prioridade. Vamos imaginar que o seu site esteja utilizando uma biblioteca CSS que acrescenta funcionalidades a seu site e que os estilos dessa biblioteca modifiquem alguns elementos, como a cor da tag <h1>. Para evitar esse efeito indesejado, você pode fazer o seguinte na sua folha de estilo:

```
h1 {

color: #000000 !important;

}
```

No nosso exemplo, a tag <h1> terá a cor #000000 mesmo que outras folhas de estilo estabeleçam cores diferentes para ela.

Sites responsivos

Um site é responsivo quando seu conteúdo se adapta ao tamanho da tela, oferecendo uma boa experiência ao usuário independente do dispositivo que ele esteja utilizando para acessar o site. Por exemplo, uma imagem terá tamanhos diferentes na tela de um computador e smartphone. Uma das formas mais básicas de fazer com que um elemento seja responsivo é definir a largura para 100% e, opcionalmente, definir a largura máxima. Veja o exemplo a seguir:

```
.main-div {
```

```
width: 100%;

max-width: 1200px;

}
```

A div que tiver a classe main-div terá uma largura máxima de 1200px, que será diminuída à medida que o tamanho da tela diminui. Ou seja, a largura da div será de 100% até o tamanho máximo de 1200px.

Uma alternativa mais completa e simples para criar sites responsivos é a biblioteca Bootstrap. Essa biblioteca possui uma coleção de classes e elementos que tornam nosso trabalho muito mais fácil. Dentre as diversas opções, podemos destacar colunas, botões, redimensionamento de imagens, formulário, abas e barra de navegação. Recomendo seriamente que, assim que você terminar este livro, comece a pesquisar sobre o Boostrap, pois o aprendizado é simples e os benefícios são muitos. No site oficial do Bootstrap (getbootstrap.com), você encontrará todas as informações necessárias.

JAVASCRIPT

JavaScript é uma linguagem de programação utilizada para fornecer interatividade a aplicativos web e mobile. Inicialmente, esta linguagem era utilizada somente por browsers, mas hoje em dia, uma quantidade enorme de aplicativos para Android e iOS são desenvolvidos com JavaScript através de frameworks como NativeScript, React Native e outros.

Este livro ensina os principais elementos do JS através de exemplos práticos e não de apenas conceitos. Por exemplo, ao invés de somente explicar o que é uma variável, você aprenderá logo no início como alterar o valor de uma variável, pois não adianta nada saber o que é algo, se você não souber como utilizar.

Você perceberá que JS não é complexo e que é sim possível aprendê-lo rapidamente. Seguindo todos os 21 passos apresentados neste livro, você estará apto para começar a desenvolver projetos pessoais e, consequentemente, poderá alcançar o nível avançado.

Exibir uma mensagem no site

```
function exibirAlerta() {

alert("Seja bem-vindo!"); // Sempre coloque um ponto e vírgula
no final de uma declaração.

}
```

Uma função é onde executamos a maior parte do nosso código JavaScript. Ela é composta pela palavra "function" seguida pelo nome que damos a função. No nosso caso, demos o nome de exibirAlerta para combinar com o nosso objetivo. Após o nome, abrimos e fechamos parênteses e chaves. O código que será executado deve ser colocado entre as chaves.

Em uma situação real, não existem motivos para exibir uma mensagem de boas-vindas usando a função alert(). Geralmente, a utilizamos para mostrar uma mensagem de erro ou alerta. O texto que será exibido deve estar entre aspas.

Repare que colocamos um texto no nosso código explicando o uso do ponto e vírgula. Você pode incluir textos explicativos no seu código JavaScript, desde que eles sejam precedidos de duas barras. Nós chamamos o uso das duas barras de *comentar o código*. Qualquer linha precedida de //, não será interpretada.

Isto é bastante útil quando queremos desativar parte do nosso código para fins de testes.

Alterar o valor de uma variável

Uma variável pode armazenar diversos tipos de dados, sendo os mais comuns string e número. Para declarar uma variável, podemos utilizar as palavras var, let ou const. Atualmente, utilizamos mais a let do que a var, pois ela evita conflitos em nosso código. Já a const é utilizada quando os valores da variável são constantes e não precisam ser alterados.

```
let cidade;
```

No exemplo acima, criamos a variável cidade sem nenhuma informação armazenada, mas podemos mudá-la para incluir o nome de alguma cidade.

```
let cidade = "Belo Horizonte";
```

Agora, a variável tem a string "Belo Horizonte" armazenada nela. Se quiséssemos inserir um número ao invés de uma string, faríamos o seguinte:

```
let cidade = 10;
```

Repare que não utilizamos aspas com o número 10, pois não se trata de uma string. "10" entre aspas é uma string e não um número.

Também é possível alterar o valor de uma variável de forma dinâmica, mesmo que seu valor já tenha sido declarado. Veja no exemplo a seguir:

```
let cidade;

function mudarCidade() {

cidade = "São Paulo";

}
```

A variável inicialmente não tinha nenhum valor, mas isso foi mudado com a execução da função mudarCidade(). Vamos criar outra função para exibir um alerta com o nome da cidade.

```
function minhaCidade() {

alert(cidade);

}
```

O resultado da função acima será o nome São Paulo. Repare que para exibir o valor de uma variável não colocamos aspas, pois aspas são utilizadas com strings. Se quiser exibir um texto antes da variável, deverá alterar o alert() da seguinte forma:

```
alert("Minha cidade é " + cidade);
```

Veja que colocamos uma string seguida de um sinal de + que irá juntar o texto e a variável. Os espaços dentro de uma string também são interpretados, portanto, antes de fechar aspas, é necessário um espaço para separar o texto do nome da cidade.

Incluir JavaScript no HTML

Você já deve saber como fazer isso, pois o requisito mínimo para se trabalhar com JavaScript é saber HTML. Existem duas formas de incluir JS em uma página HTML. A mais comum é chamando o arquivo JS, como mostrado a seguir:

```
<script src="meuscript.js"></script>
```

A segunda possibilidade é incluir o código na própria página dentro da tag <script>.

```
<script> function meuCodigo() {} </script>
```

Chamar uma função

Todo o código dentro de uma função será executado quando tal função for acionada. O mais comum é que façamos isso com o clique de um botão na página HTML.

```
<button onclick="selecionarCor()">Clique aqui</button>
```

Após a função principal ser acionada, outras funções podem ser chamadas dentro do próprio JavaScript. Vejamos:

```
function selecionarCor() {

outrasCores();

}
```

No código acima, a função outrasCores() está sendo chamada dentro da função selecionarCor(). Para que tudo isso aconteça é necessário que o usuário do site clique no botão.

Passar valores para funções

Imagine a situação onde o usuário do site clica em um botão ou algum outro elemento para selecionar uma cor e você deseja passar essa informação para seu código JS. Podemos fazer isso de duas formas.

```
<button onclick="selecionarCor('green')">Clique
aqui</button>
```

No exemplo acima, adicionamos a string 'verde' dentro dos parênteses da função usando aspas simples, pois aspas duplas já estão sendo utilizadas no atributo onclick. Se quisermos passar duas cores ao mesmo tempo, bastaria adicionar uma vírgula.

```
<button onclick="selecionarCor('green', 'blue')">Clique
aqui</button>
```

A segunda forma de passar valores para uma função é com o uso de atributos. Veja o exemplo:

```
<button cor="green" onclick="selecionarCor(this.cor)">Clique
aqui</button>
```

Criamos o atributo cor e passamos ele através de this.cor nos parênteses da função. Se o atributo fosse id, então seria this.id e assim por diante. Já a nossa função no JavaScript ficará da seguinte forma, independente de qual dos métodos você usar:

```
function selecionarCor(cor) {

}
```

Para duas cores, ficaria assim:

```
function selecionarCor(cor1, cor2) {

}
```

Alterar a propriedade de um elemento HTML

Seguindo o exemplo anterior onde o usuário escolhe uma cor, vamos pegar este valor e usar para alterar a cor de uma div na página HTML.

```
<div id="minhaDiv" class="minhaDiv" ></div>
```

É importante que a div tenha um id ou uma classe CSS para que possamos selecionar tal elemento.

```
function selecionarCor(cor) {

document.getElementById("minhaDiv").style.color = cor;

}
```

Se quiséssemos selecionar a div pela classe CSS, faríamos o seguinte:

```
document.getElementsByClassName("minhaDiv").
style.color = cor;
```

Escopo global e local

Quando definimos uma variável fora de uma função, ela pode ser acessada por qualquer função no nosso código JS. Quando a variável se encontra somente dentro de uma função, ela só pode ser acessada dentro da própria função.

```
let cor = "blue"; // Variável global

function cadastro() {

let nome = "Carlos"; // Variável local

}
```

Executar uma função no carregamento da página

Quando precisamos que uma função seja executada assim que a página é carregada, utilizamos window.onload. Vejamos:

```
function minhaFuncao() { }
```

```
window.onload = minhaFuncao();
```

Operações matemáticas

Podemos somar, subtrair, multiplicar e dividir números em uma variável.

```
let a = 10 + 10;

let b = 15 - 5;

let c = 2 * 5;

let d = 20 / 2;
```

Podemos fazer mais de um tipo de operação ao mesmo tempo utilizando regras matemáticas. Veja abaixo que o resultado será diferente em cada uma das operações:

```
let a = (10 + 10) * 5; // Aqui o resultado é 100.

let b = 10 + 10 * 5; // Aqui o resultado é 60.
```

Podemos também utilizar os valores numéricos de variáveis ao invés de escrever todos os números diretamente.

```
let a = 20;

let b = 30;
```

```
let c = a + b;
```

Também é possível aumentar ou diminuir números utilizando -- ou ++.

```
let a = 19;
```

```
a++;
```

```
let b = a;
```

No exemplo acima, let b é igual a 20, pois aumentamos let a em uma unidade.

Operadores de comparação

Nós podemos comparar informações no JS e verificar se uma condição é verdadeira ou não.

==	Igual
===	Valores e tipos de dados iguais
!=	Não é igual
!==	Valores e tipos de dados diferentes
>	Maior que

<	Menor que
>=	Maior ou igual
<=	Menor ou igual

Operadores de lógica

Estes operadores nos permitem estabelecer condições para a execução ou não de determinado código.

&&	E
||	Ou
!	Não é verdadeiro

Condicionais if, else e else if

O if é uma condição que estabelece que se uma regra for verdadeira, uma tarefa será executada. O else if vem depois do if e estabelece uma nova regra que será verificada caso a primeira não seja verdadeira. Já o else introduz o código que será executado caso nenhuma das condições estabelecidas sejam verdadeiras. Se você declarar mais de um if em uma função, eles serão verificados de forma independente, mesmo que algum deles seja verdadeiro. Vejamos um exemplo:

```javascript
let temporada = "inverno";

let dia = "quarta";

let preco = 75;

function desconto() {

if (temporada == "inverno" && preco > 99) {

document.getElementById("minhaDiv").innerHTML = "
Promoção de inverno: 10% de desconto.";

} else if (preco === "75" && dia == "quarta") {

document.getElementById("minhaDiv").innerHTML = "
Somente hoje, 5% de desconto.";

} else {

document.getElementById("minhaDiv").innerHTML = "
Confira nossa coleção de inverno.";

}

}
```

Repare que as condições if e else if possuem seus próprios parênteses e chaves. O else não possui parênteses, pois ele não estabelece nenhuma condição, mas possui chaves. No exemplo dado, a primeira condição é falsa, pois let temporada é igual a "inverno", mas let preco não é maior que 99. A segunda também é falsa, pois let preco possui o mesmo valor da string "75", mas o tipo de dado não é igual. O correto seria preco == "75" ou preco === 75. Portanto, o else será executado e o texto "Confira nossa coleção de inverno" será adicionado dentro da div que tem o id "minhaDiv".

Se quisermos utilizar condições independentes, devemos usar somente if e não else if. Veja o exemplo:

```
let temporada = "inverno";

let dia = "quarta";

function desconto() {

if (temporada == "inverno") {

// Faça algo aqui.

}

if (dia != "quarta") {

// Faça algo aqui.

}

}
```

Apesar de podermos escrever nomes de variáveis com c cedilha e acentos, o recomendável é que não se faça isso. É por este motivo que a variável do nosso exemplo se chama preco sem o cedilha.

Arrays

Um array é um tipo especial de variável que armazena diversos valores ao mesmo tempo. Exemplo:

```
let frutas = ["Banana", "Morango", "Laranja", "Ameixa"];
```

Podemos acessar um elemento dentro de um array através da sua posição. Em linguagens de programação, a contagem inicia no zero e não no um. Portanto, banana ocupa a posição zero no nosso array.

```
let escolha = frutas[0];
```

A variável escolha é igual a "Banana". Se quiséssemos que o resultado fosse "Laranja", usaríamos frutas[2].

Também é possível alterar um elemento de um array. No exemplo a seguir, trocaremos "Banana" por "Maçã":

```
frutas[0] = "Maçã";
```

A propriedade length nos permite descobrir o comprimento de um array. Exemplo:

```
let comprimento = frutas.length;
```

A variável comprimento é igual a 4, pois este é o número de elementos no array frutas. Para descobrir o último elemento de um array, fazemos o seguinte:

```
let ultimo = frutas[frutas.length - 1];
```

No exemplo acima, subtraímos o comprimento do array por um, pois como foi explicado, a contagem começa em zero. Desta forma, conseguimos obter a posição do último elemento.

Objetos

Um objeto é uma coleção de valores atribuído a determinado elemento. Exemplo:

```
let smartphone = {nome: "Galaxy", modelo: "S22", cor:
"Branco"};
```

No nosso exemplo, o objeto smartphone contém as propriedades nome, modelo e cor. Se por exemplo quisermos acessar o valor da propriedade modelo, podemos fazer isso de duas maneiras, veja:

```
let modelo = smartphone.modelo;
```

Ou:

```
let modelo = smartphone["modelo"];
```

Nas duas formas, o resultado será S22. Caso quiséssemos alterar o valor do modelo de S22 para S20, faríamos o seguinte:

```
smartphone.modelo = "S20";
```

push(), pop(), shift() e unshift()

Para adicionar elementos no final de um array, utilizamos o método push(), veja:

```
frutas.push("Abacaxi");
```

Para remover o último elemento de um array, usamos pop():

```
frutas.pop();
```

Se o objetivo é remover o primeiro elemento, usamos shift():

```
frutas.shift();
```

Já para adicionar um elemento no começo do array, temos de utilizar unshift():

```
frutas.unshift("Uva");
```

Loop for

Agora que já aprendemos o que é um array, podemos começar a utilizar o loop for para extrair os elementos do array. Imagine que você possui um array com 50 elementos e deseja colocá-los dentro de uma div separada para cada um deles. Ao invés de escrever todos os elementos diretamente no código, utilizamos o loop for para esta tarefa. Veja o exemplo a seguir:

```
let roupas = ["Calça", "Camisa", "Meia", "Bermuda", "Blusa"];

function selecionarItens() {

for (let i = 0; i < roupas.length; i++) {

let conteudo = "<div>" + roupas[i] + "</div>";

document.getElementById("minhaDiv").innerHTML += conteudo;

} }
```

No código anterior, extraímos todos os elementos da variável roupas e os colocamos dentro de uma div armazenada na variável conteúdo. Em seguida, inserimos a div dentro de uma div principal que possui o id "minhaDiv".

Return

Usamos return para enviar um valor para fora de uma função.

```
function somar(numero) {

return numero + 10;

}

let resultado = somar(50);
```

A variável resultado será igual a 60.

Switch

Você já aprendeu que pode utilizar os condicionais if e else if para estabelecer condições para que determinada tarefa seja executada. Mas quando temos muitas opções, o melhor é fazer o uso do switch que tem o mesmo papel do if e else if, mas é mais simples de utilizar.

```
let dia = 1;

let texto;

switch(dia) {

case 1:
    texto = "Segunda";
    break;

case 2:
    texto = "Terça";
    break;

case 3:
    texto = "Quarta";
    break;

case 4:
    texto = "Quinta";
    break;

case 5:
    texto = "Sexta";
    break; }
```

No exemplo dado, o valor da variável dia será passado para o switch() e conferido em cada case até que uma opção verdadeira seja encontrada. O argumento break é o responsável por parar a execução do código no case verdadeiro. Caso o valor da variável dia fosse uma string e não um número, faríamos o seguinte:

```
let dia = "primeiro";

let texto;

switch(dia) {

case 'primeiro':
    texto = "Segunda";
    break;

case 'segundo':
    texto = "Terça";
    break;

case 'terceiro':
    texto = "Quarta";
    break;

}
```

Operador condicional ternário

Observe o seguinte cenário:

```
function maior(a, b) {

if (a > b) {

return "a é maior";

} else {

return "b é maior";

}

}
```

Nós podemos reescrever este código de maneira mais simples utilizando o operador "? :" (ternário). Veja:

```
function maior(a, b) {

return a > b ? "a é maior" : "b é maior";

}
```

O resultado será exatamente o mesmo e você terá economizado algumas linhas de código.

JSON

Um arquivo JSON serve para armazenar e trocar informações. É bastante utilizado, pois é bem fácil de escrever e de ler os dados contidos no arquivo. Vejamos como estruturamos os dados:

```
[{

    "nome": "Pedro Henrique",
    "idade": 22,
    "cidade": "São Paulo"
}, {

    "nome": "Marcos de Freitas",
    "idade": 25,
    "cidade": "Belo Horizonte"
}, {

    "nome": "Guilherme dos Santos",
    "idade": 29,
    "cidade": "Rio de Janeiro"
}]
```

jQuery e Ajax

O vigésimo primeiro tópico deste curso não tem como objetivo ensinar a utilizar a biblioteca jQuery, pois podemos fazer tudo no JS sem ela. Mas o fato é que as coisas ficam mais simples quando a utilizamos e, por isso, recomendo que você aprenda a utilizá-la. O que faremos é usar Ajax para ler os dados de um arquivo JSON e isso fica muito mais fácil com a ajuda do jQuery.

O primeiro passo é incluir o jQuery na página HTML:

```
<script src="jquery.min.js"></script>
```

Agora podemos ler de forma simples os dados de um arquivo JSON como mostrado no exemplo a seguir:

```
$.ajax({

  dataType: "json",
  url: url,
  success: function success(json) {

  }
});
```

Em uma situação real, podemos armazenar os dados do JSON em forma de array em uma variável. Veja o exemplo:

```
let dados;
$.ajax({

  dataType: "json",
  url: arquivo.json,
  success: function success(json) {

  dados = json;

}
});
```

Com os dados armazenados na variável, você pode trabalhar com eles da forma que desejar. Existem formas mais complexas de se extrair e utilizar dados de um arquivo JSON, mas o intuito aqui é o de capacitar você a efetuar consultas simples.

Projeto: Quote Machine

Para aplicar os conhecimentos aprendidos até aqui, vamos desenvolver um projeto simples que irá exibir citações diversas em uma página HTML.

Primeiramente, vamos criar a estrutura da página que irá mostrar as citações:

```html
<body onload="getQuotes(); color(); changeTitleColor()">

  <div id="title" class="content-fluid div-title">

    <h2>This is a quote machine that randomly shows love quotes</h2>

  </div>

<div class="content-fluid div-quote">

  <p id="content" class="quote"></p>

  <input class="btn btn-primary" type="button" id="button" value="More quotes" onclick="getQuotes();color()" />

  <p class="tweet"><i class="tweet-button fa fa-twitter-square fa-2x" aria-hidden="true" onclick="tweetIt()"></i></p>

</div>
```

Dentro da tag <body> utilizamos o atributo onload que irá inicializar a função getQuotes() que seleciona as mensagens a serem exibidas, a função color() que muda a cor da mensagem e do plano de fundo e a função changeTitleColor() que muda a cor do título e da mensagem para preto caso a cor do plano de fundo seja branco.

Agora vamos criar o código JavaScript:

```javascript
function getQuotes()

{

  let myarray= new Array(

  "Love yourself. It is important to stay positive because beauty comes from the inside out.",

  "Stay positive and happy. Work hard and don't give up hope. Be open to criticism and keep learning. Surround yourself with happy, warm and genuine people.",

  "Your positive action combined with positive thinking results in success.",

  "Once you replace negative thoughts with positive ones, you'll start having positive results.",

  "I believe if you keep your faith, you keep your trust, you keep the right attitude, if you're grateful, you'll see God open up new doors.",
```

"Your smile will give you a positive countenance that will make people feel comfortable around you.",

"Your smile will give you a positive countenance that will make people feel comfortable around you.",

"Positive thinking will let you do everything better than negative thinking will.",

"Believe that life is worth living and your belief will help create the fact.",

"Be true to yourself and surround yourself with positive, supportive people."

```
);
for (let i=0; i < myarray.length; i++){
myarray[i] = '<i class="fa fa-quote-left" aria-hidden="true"></i> ' + myarray[i] + ' <i class="fa fa-quote-right" aria-hidden="true"></i>';
}

let random = myarray[Math.floor(Math.random() * myarray.length)];
```

```
    document.getElementById("content").innerHTML=random;
}
```

A função getQuotes() é composta de uma variável que contém todas as mensagens que poderão ser exibidas na página. Ao invés de colocá-las dentro de um array pronto, utilizamos new Array() para esta tarefa. Em seguida, fazemos um loop no array e adicionamos um símbolo de aspas esquerda e direita em cada elemento do array. Na variável random, selecionamos de forma aleatória uma mensagem da variável myarray e, em seguida, adicionamos ela dentro da tag <p> que possui o id "content".

A próxima etapa é construir uma função que irá mudar a cor da mensagem e do plano de fundo de forma aleatória:

```
function color(){

    let randcol= "";

    let allchar="0123456789ABCDEF";

    for(let i=0; i<6; i++){

    randcol += allchar[Math.floor(Math.random()*16)];

    }
```

```
document.body.style.backgroundColor= "#"+randcol;

document.getElementById("content").style.color="#"+randcol;

    }
```

A cor do título da página é branca e não é alterada. A cor da div onde a mensagem é exibida também é branca. Já a cor da mensagem é a mesma do plano de fundo e muda aleatoriamente. Sendo assim, a cor da mensagem não pode ser branca, pois ela ficaria inelegível. A cor do título também não pode ser branca quando a cor do plano de fundo for branca. Vamos criar a seguinte função para resolver estes problemas:

```
function changeTitleColor() {

if (document.body.style.backgroundColor== "#ffffff"){

document.getElementById("title").style.color="#000000";

document.getElementById("content").style.color="#000000";

}

}
```

A função acima verifica se a cor do plano de fundo da página é branca e, caso seja verdadeiro, a cor do título e da mensagem é alterada para preto.

No nosso código HTML, colocamos um botão com o símbolo do Twitter que, quando clicado, chama uma função que permite o compartilhamento da mensagem. Na função que criaremos a seguir, a mensagem é armazenada na variável phrase e adicionada a URL de compartilhamento do Twitter.

```
function tweetIt () {

let phrase = document.getElementById('content').innerText;

let tweetUrl = 'https://twitter.com/share?text=' +

  encodeURIComponent(phrase) +

  '&url=' +

  '';

 window.open(tweetUrl);

}
```

Utilizamos encodeURIComponent() para transformar a mensagem em um formato compatível para formar a URL. E para abrir a URL, utilizamos window.open().

Continuação dos estudos

Seu aprendizado não para por aqui. Você adquiriu uma sólida base em JavaScript, mas é necessário que você desenvolva alguns projetos pessoais e encontre as soluções para os problemas que aparecerem. Mas não se preocupe, pois praticamente nenhum programador sabe tudo que ele precisa saber. É por este motivo que existem fóruns na internet onde é possível fazer perguntas e obter as respostas para algum problema de programação. Por mais experiente que um programador possa ser, ele está sempre aprendendo algo novo. Portanto, mesmo que você ainda não se sinta confiante, comece a colocar em prática o que você já sabe, pois além de ajudar a aumentar seu conhecimento, também será ótimo para a construção do seu portfólio.

www.ingramcontent.com/pod-product-compliance
Lightning Source LLC
Chambersburg PA
CBHW070856070326
40690CB00009B/1866